Autores varios

Constitución de la Confederación Argentina

Barcelona **2024**
Linkgua-ediciones.com

Créditos

Título original: Constitución de la Confederación Argentina.

© 2024, Red ediciones S.L.

e-mail: info@linkgua.com

Diseño de cubierta: Michel Mallard.i

ISBN rústica: 978-84-96428-09-6.
ISBN ebook: 978-84-9897-603-8.

Sumario

Constitución de la Confederación Argentina

Preliminar: disposiciones generales

Nos los Representantes del Pueblo de la Confederación Argentina, reunidos en Congreso General Constituyente por voluntad y elección de las Provincias que la componen, en cumplimiento de pactos preexistentes, con el objeto de constituir la unión nacional, afianzar la justicia, consolidar la paz interior, proveer a la defensa común, promover el bienestar general, y asegurar los beneficios de la libertad, para nosotros, para nuestra posteridad, y para todos los hombres del mundo que quieran habitar en el suelo argentino: invocando la protección de Dios, fuente de toda razón y justicia: ordenamos, decretamos y establecemos esta Constitución, para la Confederación Argentina.

Parte Primera

Capítulo único. Declaraciones, derechos y garantías

Artículo 1.º La Nación Argentina adopta para su gobierno la forma representativa republicana federal, según la establece la presente Constitución.

2.º El Gobierno federal sostiene el culto Católico Apostólico Romano.

3.º Las Autoridades que ejercen el Gobierno federal residen en la Ciudad de Buenos Aires, que se declara capital de la Confederación por una ley especial.

4.º El Gobierno federal provee a los gastos de la Nación con los fondos del Tesoro Nacional formado del producto de derechos de importación y exportación de las Aduanas, de la venta o locación de tierras de propiedad nacional, de la renta de Correos, de las demás contribuciones que equitativa y proporcionalmente a la población imponga el Congreso General, y de los empréstitos y operaciones de crédito que decrete el mismo Congreso para urgencias de la Nación o para empresas de utilidad nacional.

Artículo 5.º Cada Provincia Confederada dictará para sí una Constitución bajo el sistema representativo republicano, de acuerdo con los principios, declaraciones y garantías de la Constitución Nacional; y que asegure su administración de justicia, su régimen municipal y la educación primaria gratuita. Las constituciones provinciales serán revisadas por el Congreso antes de su promulgación. Bajo de estas condiciones el Gobierno Federal, garante a cada Provincia el goce y ejercicio de sus instituciones.

6.º El Gobierno Federal interviene con requisición de las Legislaturas o Gobernadores provinciales, o sin ella en el territorio de cualquiera de las Provincias al solo efecto de restablecer el orden público perturbado por la sedición, o de atender a la seguridad nacional amenazada por un ataque o peligro exterior.

7.º Los actos públicos y procedimientos judiciales de una Provincia gozan de entera fe en las demás; y el Congreso puede por leyes generales determinar cuál será la forma probatoria de estos actos y procedimientos, y los efectos legales que producirán.

8.º Los ciudadanos de cada Provincia gozan de todos los derechos, privilegios e inmunidades inherentes al título de ciudadano en las demás. La extradición de los criminales es de obligación recíproca entre todas las Provincias confederadas.

9.º En todo el territorio de la Confederación no habrá más aduanas que las nacionales, en las cuales regirán las tarifas que sancione el Congreso.

10.º En el interior de la República es libre de derechos la circulación de los efectos de producción o fabricación nacional, así como la de los géneros y mercancías de todas clases, despachadas en las Aduanas exteriores.

11.º Los artículos de producción o fabricación nacional o extranjera, así como los ganados de toda especie, que pasen por territorio de una provincia a otra, serán libres de los derechos llamados de tránsito, siéndolo también los carruajes, buques o bestias en que se transporten, y ningún otro derecho podrá imponérseles en adelante, cualquiera que sea su denominación, por el hecho de transitar el territorio.

12.º Los buques destinados de una Provincia a otra no serán obligados a entrar, anclar y pagar derechos por causa de tránsito.

13.º Podrán admitirse nuevas Provincias en la Confederación, pero no podrá erigirse una Provincia en el territorio de otra u otras, ni de varias formarse una sola, sin el consentimiento de la Legislatura de las Provincias interesadas y del Congreso.

14.º Todos los habitantes de la Confederación gozan de los siguientes derechos conforme a las leyes que reglamenten su ejercicio, a saber: de trabajar y ejercer toda industria licita; de navegar y comerciar; de peticionar a las autoridades; de entrar, permanecer, transitar y salir del territorio argentino; de publicar sus ideas por la prensa sin censura previa; de usar y disponer de su propiedad; de asociarse con fines útiles; de profesar libremente su culto; de enseñar y aprender.

15.º En la Confederación Argentina no hay esclavos; los pocos que hoy existen quedan libres desde la jura de esta Constitución, y una ley especial reglará las indemnizaciones a que de lugar esta declaración. Todo contrato de compra y venta de personas es un crimen de que serán responsables los que lo celebrasen, y el escribano o funcionario que lo autorice.

16.º La Confederación Argentina no admite prerrogativas de sangre, ni de nacimiento: no hay en ella fueros personales ni títulos de nobleza. Todos sus habitantes son iguales antes la ley, y admisibles en los empleos sin otra condición que la idoneidad. La igualdad es la base del impuesto y de las cargas públicas.

17.º La propiedad es inviolable, y ningún habitante de la Confederación puede ser privado de ella, sino en virtud de sentencia fundada en ley. La expropiación por causa de utilidad pública, debe ser calificada por ley y previamente indemnizada. Solo el Congreso impone las contribuciones que se expresan en el **Artículo** 4.º Ningún servicio personal es exigible, sino en virtud de ley o de sentencia fundada en ley. Todo autor o inventor es propietario exclusivo de su obra, invento o descubrimiento, por el término que le acuerde la ley. La confiscación de bienes queda borrada para siempre del código penal argentino. Ningún cuerpo armado puede hacer requisiciones, ni exigir auxilios de ninguna especie.

18.º Ningún habitante de la Confederación puede ser penado sin juicio previo fundado en ley anterior al hecho del proceso, ni juzgado por comisiones especiales, o sacado de los jueces designados por la ley antes del hecho de la causa. Nadie puede ser obligado a declarar contra sí mismo; ni arrestado sino en virtud de orden escrita de autoridad competente. Es inviolable la defensa en juicio de la persona y de los derechos. El domicilio es inviolable como también la correspondencia epistolar y los papeles privados; y una ley determinará en que casos y con qué justificativos podrá procederse a su allanamiento y ocupación. Quedan abolidos para siempre la pena de muerte por causas políticas, toda especia de tormento, los azotes y las ejecuciones a lanza o cuchillo. Las cárceles de la Confederación serán sanas y limpias, para seguridad y no para castigo de los reos detenidos en ellas, y toda medida que a pretexto de precaución conduzca a mortificarlos más allá de lo que aquella exija, hará responsable al juez que la autorice.

19.º Las acciones privadas de los hombres que de ningún modo ofendan al orden y a la moral pública, ni perjudiquen a un tercero, están solo reservadas a Dios, y exentas de la autoridad de los magistrados. Ningún habitante de la Confederación será obligado a hacer lo que no manda la ley, ni privado de lo que ello no prohíbe.

Artículo 20.º Los extranjeros gozan en el territorio de la Confederación de todos los derechos civiles del ciudadano; pueden ejercer su industria, comercio y profesión; poseer bienes raíces, comprarlos y enajenarlos; navegar los ríos y costas; ejercer libremente su culto; testar y casarse conforme a las leyes. No están obligados a admitir la ciudadanía, ni a pagar contribuciones forzosas extraordinarias. Obtienen nacionalización residiendo dos años continuos en la Confederación; pero la autoridad puede acortar este término a favor del que lo solicite, alegando y probando servicios a la República.

21.º Todo ciudadano argentino está obligado a armarse en defensa de la Patria y de esta Constitución, conforme a las leyes que al efecto dicte el Congreso y a los decretos del Ejecutivo Nacional. Los ciudadanos por naturalización son libres de prestar o no este servicio por el término de diez años contados desde el día en que obtengan su carta de ciudadanía.

22.º El Pueblo no delibera ni gobierna, sino por medio de sus Representantes y autoridades creadas por esta Constitución. Toda fuerza armada o reunión de personas que se atribuya los derechos del pueblo y peticione a nombre de este, comete delito de sedición.

23.º En caso de conmoción interior o de ataque exterior que pongan en peligro el ejercicio de esta Constitución y de las autoridades creadas por ella, se declarará en estado de sitio la Provincia o territorio en donde exista la perturbación del orden, quedando suspensas allí las garantías constitucionales. Pero durante esta suspensión no podrá el presidente de la República condenar por sí ni aplicar penas. Su poder se limitará en tal caso respecto de las personas, a arrestarlas o trasladarlas de un punto a otro de la Confederación, si ellas no prefiriesen salir fuera del territorio argentino.

24.º El Congreso promoverá la reforma de la actual legislación en todos sus ramos, y el establecimiento del juicio por jurados.

25.º El Gobierno federal fomentará la inmigración europea; y no podrá restringir, limitar ni gravar con impuesto alguno la entrada en el territorio argentino de los extranjeros que traigan por objeto labrar la tierra, mejorar las industrias, e introducir y enseñar las ciencias y las artes.

26.º La navegación de los ríos interiores de la Confederación es libre para todas las banderas, con sujeción únicamente a los reglamentos que dicte la Autoridad Nacional.

27.º El Gobierno federal está obligado a afianzar sus relaciones de paz y comercio con las potencias extranjeras por medio de tratados que estén en conformidad con los principios de derecho público establecidos en esta Constitución.

28.º Los principios, garantías y derechos reconocidos en los anteriores artículos, no podrán ser alterados por las leyes que reglamenten su ejercicio.

29.º El Congreso no puede conceder al Ejecutivo Nacional, ni las Legislaturas Provinciales a los Gobernadores de Provincia, «facultades extraordinarias», ni «la suma del poder público», ni otorgarles «sumisiones» o «supremacías» por las que la vida, el honor o las fortunas de los Argentinos queden a merced de gobiernos o persona alguna. Actos de esta naturaleza llevan consigo una nulidad insanable, y sujetarán a los que los formulen, consientan o firmen, a la responsabilidad y pena de los infames traidores a la Patria.

30.º La Constitución puede reformarse en él todo o en cualquiera de sus partes, pasados diez años desde el día en que la juren los pueblos. La necesidad de reforma debe ser declarada por el Congreso con el voto de dos terceras partes, al menos, de sus miembros; pero no se efectuará sino por una Convención convocada al efecto.

31.º Esta Constitución, las leyes de la Confederación que en su consecuencia se dicten por el Congreso y los tratados con las potencias extranjeras son la ley suprema de la Nación; y las autoridades de cada provincia están obligadas a conformarse a ellas, no obstante cualquiera disposición en contrario que contengan las leyes o Constituciones Provinciales.

Parte Segunda. Autoridades de la Confederación

Título Primero. Gobierno Federal

Sección primera. Del Poder Legislativo

32.º Un Congreso compuesto de dos Cámaras, una de diputados de la Nación y otra de senadores de las Provincias y de la Capital, será investido del Poder Legislativo de la Confederación.

Capítulo primero. De la Cámara de diputados

33.º La Cámara de diputados se compondrá de representantes elegidos directamente por el pueblo de las Provincias, y de la Capital, que se consideran a este fin como distritos electorales de un solo Estado y a simple pluralidad de sufragios. El número de representantes será de uno por cada veinte mil habitantes o fracción que no baje de diez mil. Después de la realización de cada censo, el Congreso fijará la representación con arreglo al mismo, pudiendo aumentar pero no disminuir la base expresada para cada diputado.

34.º Los diputados para la primera Legislatura se nombrarán en la proporción siguiente: por la Capital, seis (6); por la Provincia de Buenos Aires, seis (6); por la de Córdoba, seis (6); por la de Catamarca, tres (3); por la de Corrientes, cuatro (4); por la de Entre Ríos, dos (2); por la de Jujuy, dos (2); por la de Mendoza, tres (3); por la de La Rioja, dos (2); por la de Salta, tres (3); por la de Santiago, cuatro (4); por la de San Juan, dos (2); por la de Santa Fe, dos (2); por la de San Luis, dos (2), y por la de Tucumán, tres (3).

Artículo 35.º Para la segunda Legislatura deberá realizarse el censo general, y arreglarse a el número de diputados; pero este censo solo podrá renovarse cada diez años.

36.º Para ser diputado se requiere haber cumplido la edad de veinticinco años, tener cuatro años de ciudadanía en ejercicio.

37.º Por esta vez las Legislaturas de las Provincias reglarán los medios de hacer efectiva la elección directa de los diputados de la Nación: para lo sucesivo el Congreso expedirá una ley general.

38.º Los diputados durarán en su representación por cuatro años, y son reelegibles, pero la Sala se renovará por mitad cada bienio, a cuyo efecto los nombrados para la primera Legislatura, luego que se reúnan, sortearán los que deban salir en el primer período.

39.º En caso de vacante, el Gobierno de Provincia o de la Capital, hace proceder a elección legal de un nuevo miembro.

40.º A la Cámara de diputados corresponde exclusivamente la iniciativa de las leyes sobre contribuciones y reclutamiento de tropas.

41.º Solo ella ejerce el derecho de acusar ante el Senado al presidente y vicepresidente de la Confederación, y sus ministros, a los miembros de ambas Cámaras, a los de la Corte Suprema de Justicia, y a los gobernadores de Provincia, por delito de traición, concusión, malversación de fondos públicos, violación de la Constitución, u otros que merezcan pena infamante o de muerte, después de haber conocido de ellos a petición de parte o de alguno de sus miembros y declarado haber lugar a la formación de causa por la mayoría de dos terceras partes de sus miembros presentes.

Capítulo segundo. Del Senado

42.º El Senado se compondrá de dos senadores por cada Provincia elegidos por sus Legislaturas a pluralidad de sufragios: y dos de la Capital, elegidos en forma prescripta para la elección del presidente de la Confederación. Cada senador tendrá un voto.

43.º Son requisitos para ser elegido senador: tener la edad de treinta años, haber sido seis años ciudadano de la Confederación, disfrutar de una renta anual de dos mil pesos fuertes o de una entrada equivalente.

44.º Los senadores duran nueve años en el ejercicio de su mandato, y son reelegibles indefinidamente; pero el Senado se renovará por terceras partes cada tres años, decidiéndose por la suerte, luego que todos se reúnan, quienes deben salir en el primer y segundo trienio.

45.º El vicepresidente de la Confederación será presidente del Senado, pero no tendrá voto sino en el caso que haya empate en la votación.

46.º El Senado nombrará un presidente provisorio que lo presida en caso de ausencia del vicepresidente, o cuando este ejerce las funciones de presidente de la Confederación.

47.º Al Senado corresponde juzgar en juicio público a los acusados por la Cámara de diputados, debiendo sus miembros prestar juramento para este acto. Cuando el acusado sea el presidente de la Confederación, el Senado será presidido por el presidente de la Corte Suprema. Ninguno será declarado culpable sino a mayoría de los dos tercios de los miembros presentes.

48.º Su fallo no tendrá más efecto que destituir al acusado, y aun declararle incapaz de ocupar ningún empleo de honor, de confianza o a sueldo en la Confederación. Pero la parte condenada quedará, no obstante, sujeta a acusación, juicio y castigo conforme a las leyes ante los tribunales ordinarios.

49.º Corresponde también al Senado autorizar al presidente de la Confederación para que declare en estado de sitio, uno o varios puntos de la República en caso de ataque exterior.

50.º Cuando vacase alguna plaza de senador por muerte, renuncia u otra causa, el Gobierno a que corresponda la vacante hace proceder inmediatamente a la elección de un nuevo miembro.

51.º Solo el Senado inicia las reformas de la Constitución.

Capítulo tercero. Disposiciones comunes a ambas Cámaras

52.º Ambas Cámaras se reunirán por sí mismas en sesiones ordinarias todos los años desde el primero de Mayo hasta el treinta de Septiembre. Pueden también ser convocadas extraordinariamente por el presidente de la Confederación, o prorrogadas sus sesiones.

53.º Cada Cámara es juez de las elecciones, derechos y títulos de sus miembros en cuanto a su validez. Ninguna de ellas entrará en sesión sin la mayoría absoluta de sus miembros; pero un número menor podrá compeler a los miembros ausentes a que concurran a las sesiones, en los términos y bajo las penas que cada Cámara establecerá.

54.º Ambas Cámaras empiezan y concluyen sus sesiones simultáneamente. Ninguna de ellas, mientras se hallen reunidas, podrá suspender sus sesiones más de tres días, sin el consentimiento de la otra.

55.º Cada Cámara hará su reglamento, y podrá con dos tercios de votos corregir a cualquiera de sus miembros por desorden de conducta en el ejercicio de sus funciones, o removerlo por inhabilidad física o moral sobreviniente a su incorporación, y hasta excluirlo de su seno; pero bastara la mayoría de uno sobre la mitad de los presentes para decidir en las renuncias que voluntariamente hicieren de sus cargos.

56.º Los senadores y diputados prestaran, en el acto de su incorporación, juramento de desempeñar debidamente el cargo, y de obrar en todo en conformidad a lo que prescribe esta Constitución.

57.º Ninguno de los miembros del Congreso puede ser acusado, interrogado judicialmente, ni molestado por las opiniones o discursos que emita desempeñando su mandato de legislador.

58.º Ningún senador o diputado, desde el día de su elección hasta el de su cese, puede ser arrestado; excepto el caso de ser sorprendido «in» «fraganti» en la ejecución de algún crimen que merezca pena de muerte, infamante, u otra aflictiva; de lo que se dará cuenta a la Cámara respectiva con la información sumaria del hecho.

59.º Cuando se forme querella por escrito ante las justicias ordinarias contra cualquier senador o diputado, examinado el mérito del sumario en juicio público, podrá cada Cámara, con dos tercios de votos, suspender en sus funciones al acusado, y ponerlo a disposición del juez competente para su juzgamiento.

60.º Cada una de las Cámaras puede hacer venir a su sala a los ministros del Poder Ejecutivo para recibir las explicaciones e informes que estime convenientes.

61.º Ningún miembro del Congreso podrá recibir empleo o comisión del Poder Ejecutivo, sin previo consentimiento de la Cámara respectiva, excepto los empleos de escala.

62.º Los eclesiásticos regulares no pueden ser miembros del Congreso, ni los Gobernadores de Provincia por la de su mando.

63.º Los servicios de los senadores y diputados son remunerados por el tesoro de la Confederación, con una dotación que señalará la ley.

Capítulo cuarto. Atribuciones del Congreso

64.º Corresponde al Congreso:

1.º Legislar sobre las Aduanas exteriores, y establecer los derechos de importación y exportación que han de satisfacerse en ella.

2. Imponer contribuciones directas, por tiempo determinado y, proporcionalmente iguales en todo el territorio de la Confederación, siempre que la defensa, seguridad común y bien general del Estado lo exijan.

3. Contraer empréstitos de dinero sobre el crédito de la Confederación.

4. Disponer del uso y de la enajenación de las tierras de propiedad nacional.

5. Establecer y reglamentar un Banco Nacional en la Capital y sus sucursales en las Provincias, con facultad de emitir moneda.

6. Arreglar el pago de la deuda interior y exterior de la Confederación.

7. Fijar anualmente conforme el presupuesto de gastos de administración de la Confederación, y aprobar o desechar la cuenta de inversión.

8. Acordar subsidios del tesoro Nacional a las Provincias cuyas rentas no alcancen, según sus presupuestos, a cubrir sus gastos ordinarios.

9. Reglamentar la libre navegación de los ríos interiores, habilitar los puertos que considere convenientes, y crear y suprimir Aduanas.

10. Hacer sellar moneda, fijar su valor y el de las extranjeras; y adoptar un sistema uniforme de pesos y medidas para toda la Confederación.

11. Dictar los códigos civil, comercial, penal, y de minería, y especialmente leyes para toda la Confederación, sobre ciudadanía y naturalización, sobre bancarrotas, sobre falsificación de la moneda corriente y documentos públicos del Estado, y las que requiera el establecimiento del juicio por jurados.

12. Reglar el comercio con las naciones extranjeras, y de las Provincias entre sí.

13. Arreglar y establecer las postas y correos generales de la Confederación.

14. Arreglar definitivamente los límites del territorio de la Confederación, fijar los de las Provincias, crear otras nuevas, y determinar por una legislación especial la organización, administración y gobierno que deben tener los territorios nacionales, que queden fuera de los límites que le asignen a las Provincias.

15. Proveer a la seguridad de las fronteras; conservar el trato pacífico con los indios, y promover la conversión de ellos al catolicismo.

16. Proveer lo conducente a la prosperidad del país, al adelanto y bienestar de todas las Provincias, y al progreso de la ilustración, dictando planes de instrucción general y universitaria, y promoviendo la industria, la inmigración, la construcción de ferrocarriles y canales navegables, la colonización de tierras de propiedad nacional, la introducción y establecimiento de nuevas industrias, la importación de capitales extranjeros y la exploración de los ríos interiores, por leyes protectoras de estos fines y por concesiones temporales de privilegios y recompensas de estimulo.

17. Establecer tribunales inferiores a la Corte Suprema de Justicia; crear y suprimir empleos, fijar sus atribuciones, dar pensiones, decretar honores, y conceder amnistías generales.

18. Admitir o desechar los motivos de dimisión del presidente o vicepresidente de la República; y declarar el caso de proceder a nueva elección: hacer el escrutinio y rectificación de ella.

19. Aprobar o desechar tratados concluidos con las demás Naciones y los concordatos con la Silla Apostólica; y arreglar el ejercicio del patronato en toda la Confederación.

20. Admitir en el territorio de la Confederación otras órdenes religiosas a más de las existentes.

21. Autorizar al Poder Ejecutivo para declarar la guerra o hacer la paz.

22. Concede patentes de corso y de represalias, y establecer reglamentos para las presas.

23. Fijar la fuerza de línea, de tierra y de mar, en tiempo de paz y guerra; y formar reglamentos y ordenanzas para el gobierno de dichos ejércitos.

24. Autorizar la reunión de las milicias en todas las Provincias, o parte de ellas, cuando lo exija la ejecución de las leyes de la Confederación y sea necesario contener las insurrecciones o repeler las invasiones. Disponer la organización, armamento y disciplina de dichas milicias, y la administración y gobierno de la parte de ellas que estuviese empleada en servicio de la Confederación, dejando a las Provincias el nombramiento de sus correspondientes Jefes y Oficiales, y el cuidado de establecer en su respectiva milicia la disciplina prescripta por el Congreso.

25. Permitir la introducción de tropas extranjeras en el territorio de la Confederación, y la salida de las fuerzas nacionales fuera de él.

26. Declarar en estado de sitio uno o varios puntos de la Confederación en caso de conmoción interior, y de aprobar o suspender el estado de sitio declarado, durante su receso, por el Poder Ejecutivo.

27. Ejercer una legislación exclusiva en todo el territorio de la Capital de la Confederación, y sobre los demás lugares adquiridos por compra o cesión en cualquiera de las Provincias, para establecer fortalezas, arsenales, almacenes u otros establecimientos de utilidad nacional.

28. Examinar las Constituciones provinciales y reprobarlas sino estuviesen conformes con los principios y disposiciones de esta Constitución y hacer todas las leyes y reglamentos que sean convenientes para poner en ejercicio los poderes antecedentes, y todos los otros concedidos por la presente Constitución al Gobierno de la Confederación Argentina.

Capítulo quinto. De la formación y sanción de las leyes

Artículo 65.º Las leyes pueden tener principio en cualquiera de las Cámaras del Congreso, por proyectos presentados por sus miembros o por el Poder Ejecutivo; excepto las relativas a los objetos de que tratan los artículos 40º y 51º.

66.º Aprobado un proyecto de ley por la Cámara de su origen, pasa para su discusión a la otra Cámara. Aprobado por ambas, pasa al Poder Ejecutivo de la Confederación para su examen; y si también obtiene su aprobación, lo promulga como ley.

67º. Se reputa aprobado por el Poder Ejecutivo, todo proyecto no devuelto en el término de diez días útiles.

68.º Ningún proyecto de ley desechado totalmente por una de las Cámaras podrá repetirse en las sesiones de aquel año. Pero si solo fuese adicionado o corregido por la Cámara revisora, volverá a la de su origen; y si en esta se aprobasen las adiciones o correcciones por la mayoría absoluta, pasará al Poder Ejecutivo de la Confederación. Si las adiciones o correcciones fuesen desechadas, volverá por segunda vez el proyecto a la Cámara revisora, y si aquí fueran nuevamente sancionadas por una mayoría de las dos terceras partes de sus miembros, pasará el proyecto a la otra Cámara, y no entenderá que esta reprueba dichas adiciones o correcciones; si no concurre para ello el voto de las dos terceras partes de sus miembros presentes.

69.º Desechado en él todo o en parte un proyecto por el Poder Ejecutivo, vuelve con sus objeciones a la Cámara de su origen; esta lo discute de nuevo, y si lo confirma por mayoría de dos tercios de votos, pasa otra vez a la Cámara de revisión. Si ambas Cámaras lo sancionan por igual mayoría, el proyecto es ley y pasa al Poder Ejecutivo para su promulgación. Las votaciones de ambas Cámaras serán en este caso nominales, por sí o por no; y tanto los nombres y fundamentos de los sufragantes, como las objeciones del Poder Ejecutivo, se publicarán inmediatamente por la prensa. Si las Cámaras difieren sobre las objeciones, el proyecto no podrá repetirse en las sesiones de aquel año.

70.º En la sanción de las leyes se usará de esta fórmula: El Senado y Cámara de diputados de la Confederación Argentina, reunidos en Congreso, etc., decretan o sancionan con fuerza de ley.

Sección segunda. Del Poder Ejecutivo

Capítulo primero. De su naturaleza y duración

71.º El Poder Ejecutivo de la Nación será desempeñado por un ciudadano con el título de «presidente de la Confederación Argentina».

72.º En caso de enfermedad, ausencia de la Capital, muerte, renuncia o destitución del residente, el Poder Ejecutivo será ejercicio por el vicepresidente de la Confederación. En caso de destitución, muerte, dimisión o inhabilidad del presidente y vicepresidente de la Confederación, el Congreso determinara que funcionario público ha de desempeñar la presidencia, hasta que haya cesado la causa de la inhabilidad o un nuevo presidente sea electo.

73.º Para ser elegido presidente o vicepresidente de la Confederación, se requiere haber nacido en el territorio Argentino, o ser hijo de ciudadano nativo, habiendo nacido en país extranjero; pertenecer a la comunión Católica Apostólica Romana y las demás calidades exigidas para ser elegido senador.

74.º El presidente y vicepresidente duran en sus empleos el término de seis años y no pueden ser reelegidos sino con intervalo de un período.

75.º El presidente de la Confederación cesa en el poder el día mismo en que expira su período de seis año; sin que evento alguno que lo haya interrumpido, pueda ser motivo de que se le complete más tarde.

76.º El presidente y vicepresidente disfrutan de un sueldo pagado por el tesoro de la Confederación, que no podrá ser alterado en el período de sus nombramientos. Durante el mismo periodo no podrán ejercer otro empleo, ni recibir ningún otro emolumento de la Confederación, ni de Provincia alguna.

77.º Al tomar posesión de su cargo el presidente y vicepresidente prestaran juramento, en manos del presidente del Senado (La primera vez del presidente del Congreso Constituyente), estando reunidos el Congreso, en los términos siguientes: «Yo N.N:, juro por Dios Nuestro Señor y estos Santos Evangelios, desempeñar con lealtad y patriotismo el cargo de presidente (o vicepresidente) de la Confederación y observar y hacer observar fielmente la Constitución de la Confederación Argentina. Si así no lo hiciese, Dios y la Confederación me lo demanden».

Capítulo segundo. De la forma y tiempo de la elección del presidente y vicepresidente de la Confederación

78.º La elección del presidente y el vicepresidente de la Confederación se hará del modo siguiente: la Capital y cada una de las Provincias nombrarán por votación directa una junta de electores igual al duplo del total de diputados y senadores que envían al Congreso, con las mismas calidades y bajo las mismas formas prescriptas para la elección de diputados.

No pueden ser electores los diputados, los senadores, ni los empleados a sueldo del Gobierno federal.

Reunidos los electores en la Capital de la Confederación y en las de sus Provincias respectivas cuatro meses antes que concluya el término del presidente cesante, procederán a elegir presidente y vicepresidente de la Confederación por cédulas firmadas, expresando en una la persona por quien vota para presidente, y en otra distinta la que eligen para vicepresidente.

Se harán dos listas de todos los individuos electos para presidente, y otras dos de los nombrados para vicepresidente con el número de votos que cada uno de ellos hubiese obtenido. Estas listas serán firmadas por los electores y se remitirán cerradas y selladas dos de ellas (una de cada clase) al presidente de la Legislatura Provincial, y en la Capital al presidente de la Municipalidad, en cuyos registros permanecerán depositadas y cerradas; y las otras dos al presidente del Senado (la primera vez al presidente del Congreso Constituyente).

79.º El presidente del Senado (la primera vez el del Congreso Constituyente), reunidas todas las listas, las abrirá a presencia de ambas Cámaras. Asociados a los secretarios cuatro miembros del Congreso sacados a la suerte, procederán inmediatamente a hacer el escrutinio y a anunciar el número de sufragios que resulte en favor de cada candidato para la presidencia y vicepresidencia de la Confederación. Los que reúnan en ambos casos la mayoría absoluta de todos los votos, serán proclamados inmediatamente presidente y vicepresidente.

80.º En el caso que por dividirse la votación no hubiese mayoría absoluta, elegirá el Congreso entre las dos personas que hubieren obtenidos mayor número de sufragios. Si la primera mayoría que resultase hubiese cabido a más de dos personas, elegirá en Congreso entre todas éstas. Si la primera mayoría hubiese cabido a una sola persona, y la segunda a dos o más, elegirá el Congreso entre todas las personas que hayan obtenido la primera y la segunda mayoría.

81.º Esta elección se hará a pluralidad absoluta de sufragios y por votación nominal. Si verificada la primera votación no resultare mayoría absoluta, se hará segunda vez, contrayéndose la votación a las dos personas que en la primera hubiesen obtenido mayor número de sufragios. En caso de empate se repetirá la votación, y si resultase nuevo empate decidirá el presidente del Senado (la primera vez el del Congreso Constituyente). No podrá hacerse el escrutinio, ni la rectificación de estas elecciones, sin que estén presentes las tres cuartas partes del total de los miembros del Congreso.

82.º La elección del presidente y vicepresidente de la Confederación debe quedar concluida en una sola sesión del Congreso, publicándose enseguida el resultado de ésta y las actas electorales por la prensa.

Capítulo tercero. Atribuciones del Poder Ejecutivo

83.º El presidente de la Confederación tiene las siguientes atribuciones:

1. Es el Jefe Supremo de la Confederación, y tiene a su cargo la administración general del país.

2. Expide las instrucciones y reglamentos que sean necesarios para la ejecución de las leyes de la Confederación, cuidando de no alterar su espíritu con excepciones reglamentarias.

3. Es el Jefe inmediato y local de la Capital de la Confederación.

4. Participa de la formación de las leyes con arreglo a la Constitución, las sanciona y promulga.

5. Nombra los magistrados de la Corte Suprema y de los demás tribunales federales inferiores, con acuerdo del Senado.

6. Puede indultar o conmutar las penas por delitos sujetos a la jurisdicción federal, previo informe del tribunal correspondiente, excepto en los casos de acusación por la Cámara de diputados.

7. Concede jubilaciones, retiros, licencias y goces de montepíos, conforme a las leyes de la Confederación.

8. Ejerce los derechos del patronato nacional en la presentación de Obispos para las iglesias catedrales, a propuesta en terna del Senado.

9. Concede el pase o retiene los decretos de los Concilios, las Bulas, Breves y Rescriptos del Sumo Pontífice de Roma, con acuerdo de la Suprema Corte, requiriéndose una ley cuando contienen disposiciones generales y permanentes.

10. Nombra y remueve a los ministros plenipotenciarios y encargados de negocios con acuerdo del Senado; por sí solo nombra y remueve los ministros del Despacho, los oficiales de su Secretaría, los agentes consulares y los demás empleados de la administración cuyo nombramiento no está reglado de otra forma por esta Constitución.

11. Hace anualmente la apertura de las sesiones del Congreso, reunidas al efecto ambas Cámaras en la Sala del Senado, dando cuenta en esta ocasión del estado de la Confederación, de las reformas prometidas por la Constitución, y recomendando a su consideración las medidas que juzgue necesarias y convenientes.

12. Prorroga las sesiones ordinarias del Congreso, o lo convoca a sesiones extraordinarias, cuando un grave interés de orden o de progreso lo requiere.

13. Hace recaudar las rentas de la Confederación, y decreta su inversión con arreglo a la ley o presupuesto de gastos nacionales.

14. Concluye y firma tratados de paz, de comercio, de navegación, de alianza, de límites y de neutralidad, concordatos y otras negociaciones requeridas para el mantenimiento de buenas relaciones con las potencias extranjeras, recibe sus ministros y admite sus Cónsules.

15. Es Comandante en Jefe de todas las fuerzas de mar y de tierra de la Confederación.

16. Provee los empleos militares de la Confederación: con acuerdo del Senado, en la concesión de los empleos o grados de Oficiales superiores del ejército y armada, y por sí solo en el campo de batalla.

17. Dispone de las fuerzas militares, marítimas y terrestres, y corre con su organización y distribución según las necesidades de la Confederación.

18. Declara la guerra y concede patentes de corso y cartas de represalias con autorización y aprobación del Congreso.

19. Declara en estado de sitio uno o varios puntos de la Confederación, en caso de ataque exterior y por un término limitado, con acuerdo del Senado. En caso de conmoción interior solo tiene esta facultad cuando el Congreso está

en receso, por que es atribución que corresponde a este cuerpo. El presidente la ejerce con las limitaciones prescriptas en él **Artículo** 23.

20 Aún estando en sesiones el Congreso, en casos urgentes en que peligre la tranquilidad pública, el presidente podrá por sí solo usar sobre las personas de la facultad limitada en el **Artículo** 23, dando cuenta a este cuerpo en el término de diez días desde que comenzó a ejercerla. Pero si el Congreso no hace declaración de sitio, las personas arrestadas, trasladadas de uno a otro punto, serán restituidas al pleno goce de su libertad; a no ser que habiendo sido sujetadas a juicio debiesen continuar en arresto por disposición del Juez o Tribunal que conociere de la causa.

21. Puede pedir a los Jefes de todos los ramos y departamentos de la administración, y por su conducto a los demás empleados, los informes que crea convenientes, y ellos están obligados a darlos.

22. No puede ausentarse del territorio de la Capital sino con permiso del Congreso. En el receso de este, solo podrá hacerlo sin licencia por razones justificadas de servicio público.

23. En todos los casos en que según los artículos anteriores debe el Poder Ejecutivo proceder con acuerdo del Senado, podrá durante el receso de éste proceder por sí solo, dando cuenta de lo obrado a dicha Cámara en la próxima reunión para obtener su aprobación.

Capítulo cuarto. De los ministros del Poder Ejecutivo

84.º Cinco ministros secretarios, a saber: del Interior, de Relaciones Exteriores, de Hacienda, de Justicia, Culto e Instrucción Pública, de Guerra y Marina, tendrán a su cargo el despacho de los Negocios de la Confederación, y refrendarán y legalizarán los actos del presidente por medio de su firma, sin cuyo requisito carecen de eficacia Una ley deslindará los ramos del respectivo despacho de los ministros.

85.º Cada ministro es responsable de los actos que legaliza; y solidariamente de los que acuerda con sus colegas.

86.º Los ministros no pueden por sí solos, en ningún caso, tomar resoluciones, sin previo mandato o consentimiento del presidente de la Confederación a excepción de lo concerniente al régimen económico y administrativo de sus respectivos departamentos.

87.º Luego que el Congreso abra sus sesiones, deberán los ministros del despacho presentarle una memoria detallada del estado de la Confederación en lo relativo a los negocios de sus respectivos departamentos.

88.º No pueden ser senadores ni diputados, sin hacer dimisión de sus empleados de ministros.

89.º Pueden los ministros concurrir a las sesiones del Congreso y tomar parte en sus debates, pero no votar.

90.º Gozarán por sus servicios de un sueldo establecido por la ley, que no podrá ser aumentado ni disminuido en favor o perjuicio de los que se hallen en ejercicio.

Sección tercera. Del Poder Judicial

Capítulo primero. De su naturaleza y duración

91.º El Poder Judicial de la Confederación será ejercido por una Corte Suprema de Justicia compuesta de nueve jueces y dos fiscales, que residirán en la Capital, y por los demás tribunales inferiores que el Congreso estableciere en el territorio de la Confederación.

92.º En ningún caso el presidente de la Confederación puede ejercer funciones judiciales, arrogarse el conocimiento de causas pendientes o restablecer las fenecidas.

93.º Los jueces de la Corte Suprema y de los tribunales inferiores de la Confederación conservaran sus empleos mientras dure su buena conducta, y recibirán por sus servicios una compensación que determinara la ley, y que no podrá ser disminuida en manera alguna, mientras permaneciesen en sus funciones.

94.º Ninguno podrá ser miembro de la Corte Suprema de Justicia, sin ser abogado de la Confederación con ocho años de ejercicio, y tener las calidades requeridas para ser senador.

95.º En la primera instalación de la Corte Suprema, los individuos nombrados prestarán juramento en manos del presidente de la Confederación, de desempeñar sus obligaciones, administrando justicia bien y legalmente, y en conformidad a lo que prescribe la Constitución. En lo sucesivo lo prestarán ante el presidente de la misma Corte.

Artículo 96.º La Corte Suprema dictará su reglamento interior y económico y nombrara a sus empleados subalternos.

Capítulo segundo. Atribuciones del Poder Judicial

97.º Corresponde a la Corte Suprema y a los tribunales inferior de la Confederación, el conocimiento y decisión de todas las causas que versen sobre puntos regidos por la Constitución, y por las leyes de la Confederación; y por los tratados con las naciones extranjeras, de los conflictos entre los distintos poderes públicos de una misma Provincia; de las causas concernientes a embajadores, ministros públicos y cónsules extranjeros; de las causas de almirantazgo y jurisdicción marítima; de los recursos de fuerza; de los asuntos en que la Confederación sea parte; de las causas que se susciten entre dos o más Provincias; entre una provincia y los vecinos de otra; entre los vecinos de diferentes Provincias; entre una Provincia y sus propios vecinos; y entre una Provincia y un Estado o un ciudadano extranjero.

98.º En estos casos la Corte Suprema ejercerá su jurisdicción por apelación según las reglas y excepciones que prescriba el Congreso; pero en todos los asuntos concernientes a embajadores, ministros y cónsules extranjeros, y en los que alguna Provincia fuese parte, y en las decisión de los conflictos entre los poderes públicos de una misma Provincia, la ejercerá originaria y exclusivamente.

99.º Todos los juicios criminales ordinarios, que no se deriven del derecho de acusación concedido en la Cámara de diputados, se terminaran por jurados, luego que se establezca en la Confederación esta institución. La actuación de estos juicios se hará en la misma Provincia donde se hubiera cometido el delito; pero cuando este se cometa fuera de los límites de la Confederación, contra el derecho de gentes, el Congreso determinará por una ley especial el lugar en que haya de seguirse el juicio.

100.º La traición contra la Confederación consistirá únicamente en tomar las armas contra ella, o en unirse a sus enemigos prestándoles ayuda y socorro. El Congreso fijará por una ley especial la pena de este delito; pero ella no pasará de la persona del delincuente, ni la infamia del reo se transmitirá a sus parientes de cualquier grado.

Título Segundo. Gobiernos de Provincia

101.º Las Provincias conservan todo el poder no delegado por esta Constitución al Gobierno federal.

102.º Se dan sus propias instituciones locales y se rigen por ellas. Eligen sus Gobernadores, sus Legisladores y demás funcionarios de Provincia, sin intervención del Gobierno federal.

103.º Cada Provincia dicta su propia Constitución, y antes de ponerla en ejercicio la remite al Congreso para su examen conforme a lo dispuesto por el **Artículo** 5º.

104.º Las Provincias pueden celebrar tratados parciales para fines de administración de justicia, de intereses económicos y trabajos de utilidad común, con conocimiento del Congreso federal; y promover su industria, la inmigración, la construcción de ferrocarriles y canales navegables, la colonización de tierras de propiedad provincial, la introducción y establecimiento de nuevas industrias, la importación de capitales extranjeros y la exploración de sus ríos, por leyes protectoras de estos fines, y con sus recursos propios.

105.º Las Provincias no ejercen el poder delegado a la Confederación. No pueden celebrar tratados parciales de carácter político; ni expedir leyes sobre comercio, o navegación interior o exterior; ni establecer Aduanas Provinciales; ni acuñar moneda; ni establecer bancos con facultades de emitir billetes, sin autorización del Congreso Federal; ni dictar los códigos civil, comercial, penal y de minería, después que el Congreso los haya sancionado; ni dictar especialmente leyes sobre ciudadanía y naturalización, bancarrotas, falsificación de moneda o documentos del Estado; ni establecer derechos de tonelaje; ni armar buques de guerra o levantar ejércitos, salvo el caso de invasión exterior o de un peligro tan inminente que no admita dilación dando luego cuenta al Gobierno federal; ni nombrar o recibir agentes extranjeros; ni admitir nuevas órdenes religiosas.

106º. Ninguna Provincia puede declarar, ni hacer la guerra a otra Provincia. Sus quejas deben ser sometidas a la Corte Suprema de Justicia y dirimidas por ella. Sus hostilidades de hecho son actos de guerra civil, calificados de sedición o asonada, que el Gobierno federal debe sofocar y reprimir conforme a la ley.

107.º Los Gobernadores de Provincia son agentes naturales del Gobierno federal para hacer cumplir la Constitución y las leyes de la Confederación. Dada en la Sala del Congreso Gral. Constituyente en la Ciudad de Santa Fe el día primero de Mayo del año del Señor mil ochocientos cincuenta y tres.

Libros a la carta

A la carta es un servicio especializado para
empresas,
librerías,
bibliotecas,
editoriales
y centros de enseñanza;
y permite confeccionar libros que, por su formato y concepción, sirven a los propósitos más específicos de estas instituciones.

Las empresas nos encargan ediciones personalizadas para marketing editorial o para regalos institucionales. Y los interesados solicitan, a título personal, ediciones antiguas, o no disponibles en el mercado; y las acompañan con notas y comentarios críticos.

Las ediciones tienen como apoyo un libro de estilo con todo tipo de referencias sobre los criterios de tratamiento tipográfico aplicados a nuestros libros que puede ser consultado en Linkgua-ediciones.com.

Linkgua edita por encargo diferentes versiones de una misma obra con distintos tratamientos ortotipográficos (actualizaciones de carácter divulgativo de un clásico, o versiones estrictamente fieles a la edición original de referencia).

Este servicio de ediciones a la carta le permitirá, si usted se dedica a la enseñanza, tener una forma de hacer pública su interpretación de un texto y, sobre una versión digitalizada «base», usted podrá introducir interpretaciones del texto fuente. Es un tópico que los profesores denuncien en clase los desmanes de una edición, o vayan comentando errores de interpretación de un texto y esta es una solución útil a esa necesidad del mundo académico.

Asimismo publicamos de manera sistemática, en un mismo catálogo, tesis doctorales y actas de congresos académicos, que son distribuidas a través de nuestra Web.

El servicio de «libros a la carta» funciona de dos formas.

1. Tenemos un fondo de libros digitalizados que usted puede personalizar en tiradas de al menos cinco ejemplares. Estas personalizaciones pueden ser de todo tipo: añadir notas de clase para uso de un grupo de estudiantes, introducir logos corporativos para uso con fines de marketing empresarial, etc. etc.

2. Buscamos libros descatalogados de otras editoriales y los reeditamos en tiradas cortas a petición de un cliente.